D1747764

Fläumchen, Pistaz und Fanny

Übersetzung: Marti Smith
DTP: PLS, Congleton
für First Edition Translations Ltd
Cambridge, England

© Bayard Presse, Paris 1990
ISBN: 2 227 72155.3

Fläumchen, Pistaz und Fanny

Erzählt von Anne-Marie Chapouton

Bilder von Penny Ives

BAYARD KINDERWELT

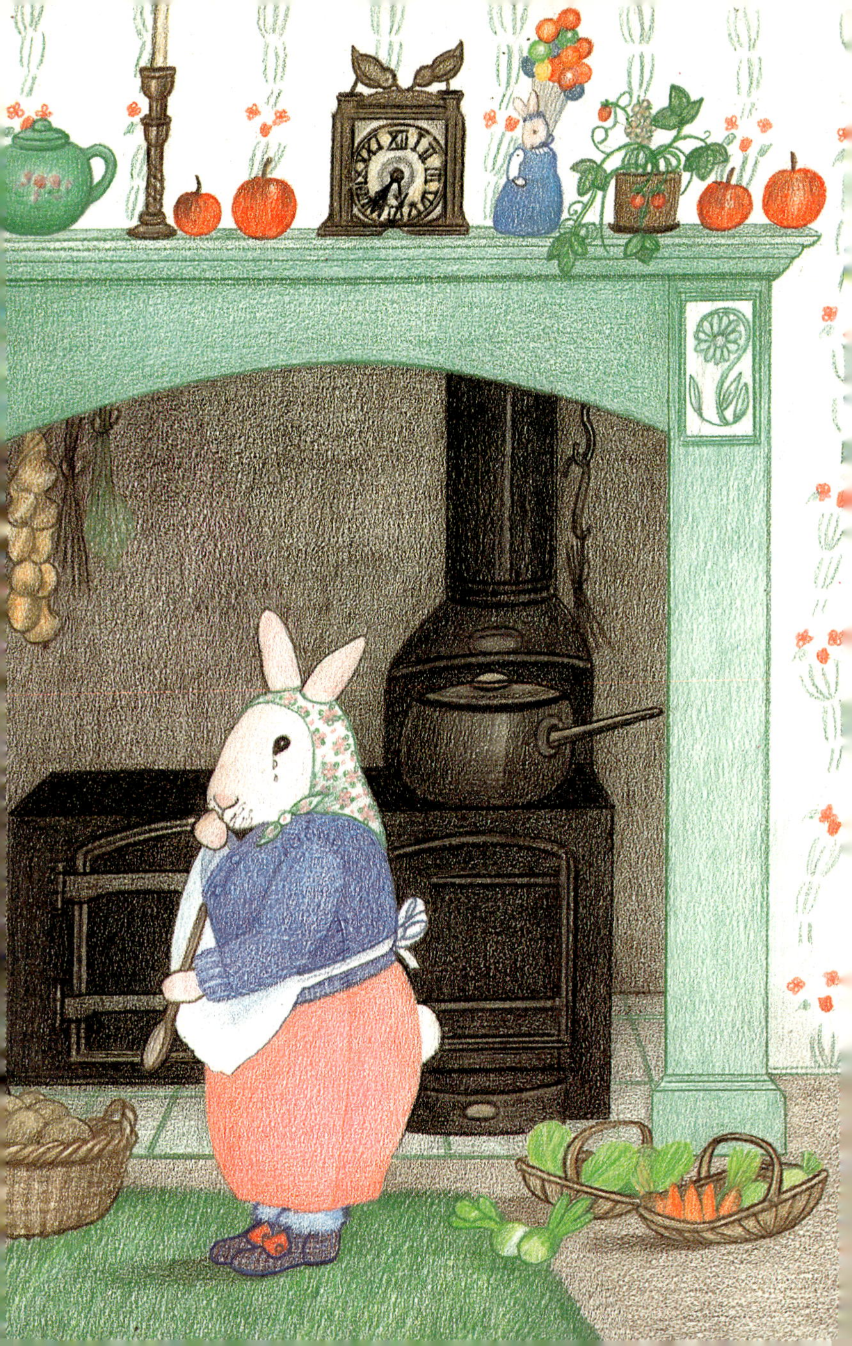

Die Häsin Fanny und ihr Mann, der Hase
Pistaz, wohnen im Hasenland
in einem behaglichen, warmen Hasenbau*.
Rings um den Bau wachsen Blumen und
weiches Gras, zarter, saftiger Thymian*
und wilder Lauch.
Ganz in der Nähe haben andere Hasen
ihre Baue unter den Tannen.
Freundliche Vögel fliegen hin und her
und zwitschern den ganzen Tag.
Elstern fliegen vorbei und schwatzen*:
– Guten Tag, Fanny! Guten Tag, Fanny!
Aber Fanny hört nicht hin.
Sie geht in ihren Bau zurück
und weint, während sie die Suppe rührt,
die auf dem Feuer kocht.

---

* Diese Wörter werden auf Seite 45, Nr. 1 und 2, und auf Seite 46,
  Nr. 3, erklärt.

Fanny weint,
weil es in ihrem Bau
keine kleinen Häslein gibt.
Und weil sie kein Hasenbaby
in ihrem Bauch trägt.
Die Gänge des Baus
kommen ihr so leer vor, so leer ...
Alle anderen Hasenmamas
haben viele, viele Hasenjunge,
die laufen, singen,
weinen, lachen
und unter den Tannen spielen.

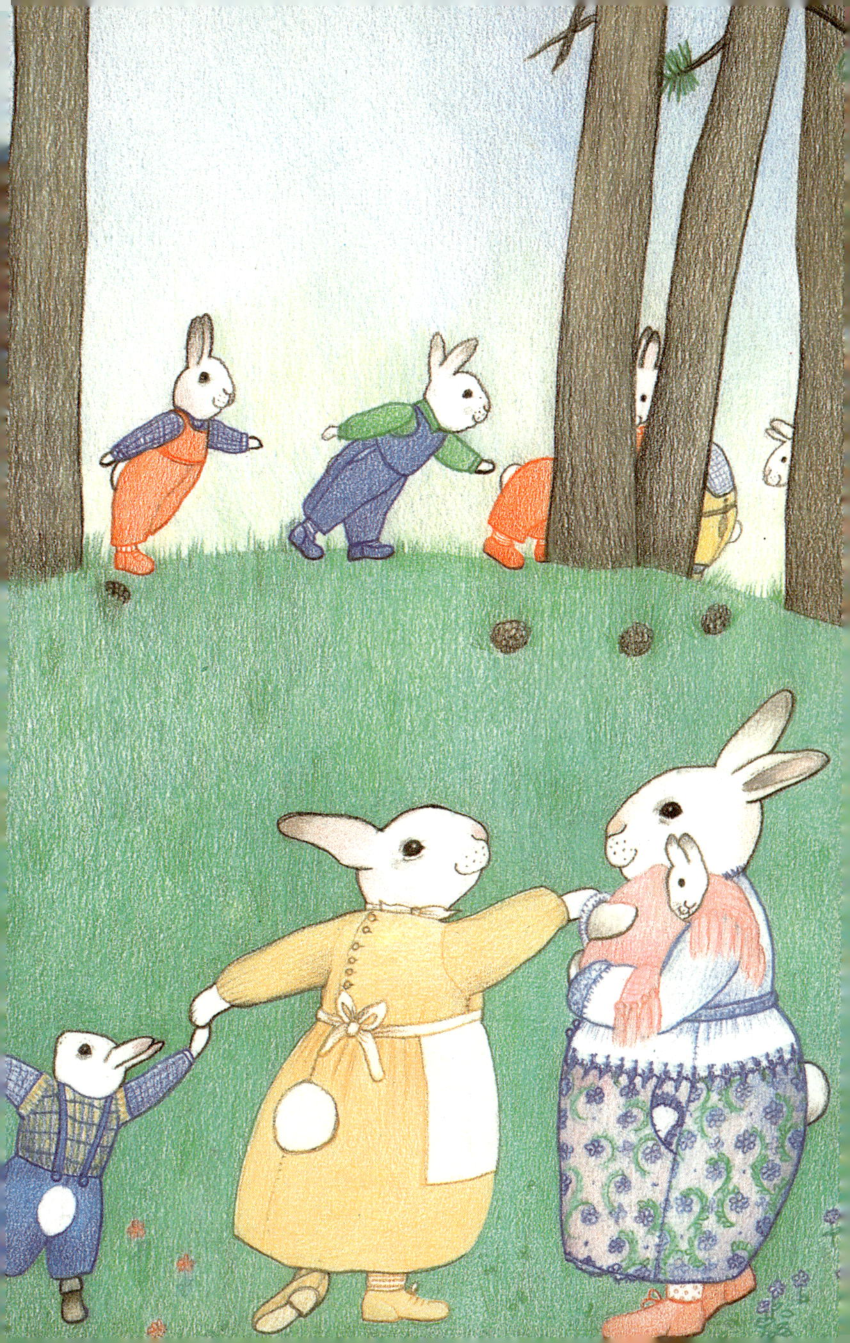

Als Pistaz nach Hause kommt,
sieht er, daß Fanny rote Augen hat.
Da seufzt er und ißt seine Suppe.
– Sie ist versalzen, Fanny.
Du hast wieder mal hineingeweint.

Fanny antwortet mit einem Seufzer:
– Ja, Pistaz, ich habe geweint,
weil ich nie eine Mama sein werde.

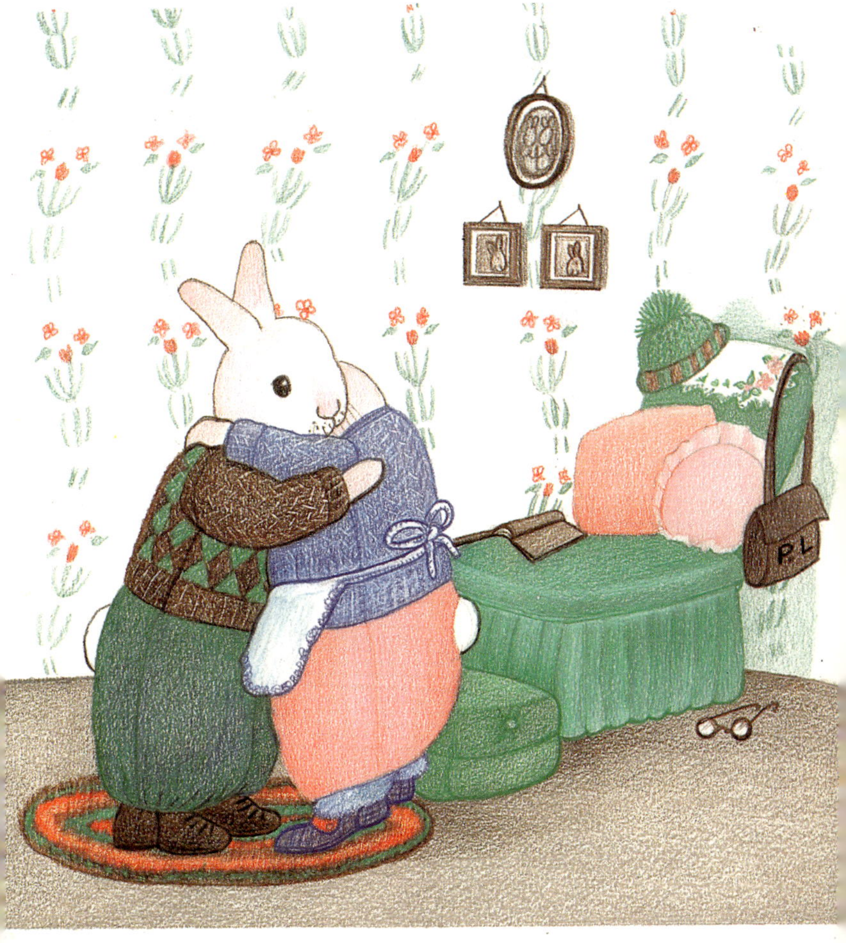
P.L

Plötzlich sagt Pistaz:
– Ich habe eine Idee.
Wie wär's, wenn wir an das
Häschenheim schreiben würden?
Vielleicht würden sie uns ein
Häschen ausleihen,
wenn wir versprechen,
gut für das Kleine zu sorgen.

Da sagt Fanny:
– Ich will kein
geliehenes Häschen.
Ich will es behalten.
Ich will,
daß es sein Leben lang
bei uns bleibt.

Dann schreiben Fanny und
Pistaz einen Brief an das
Häschenheim.

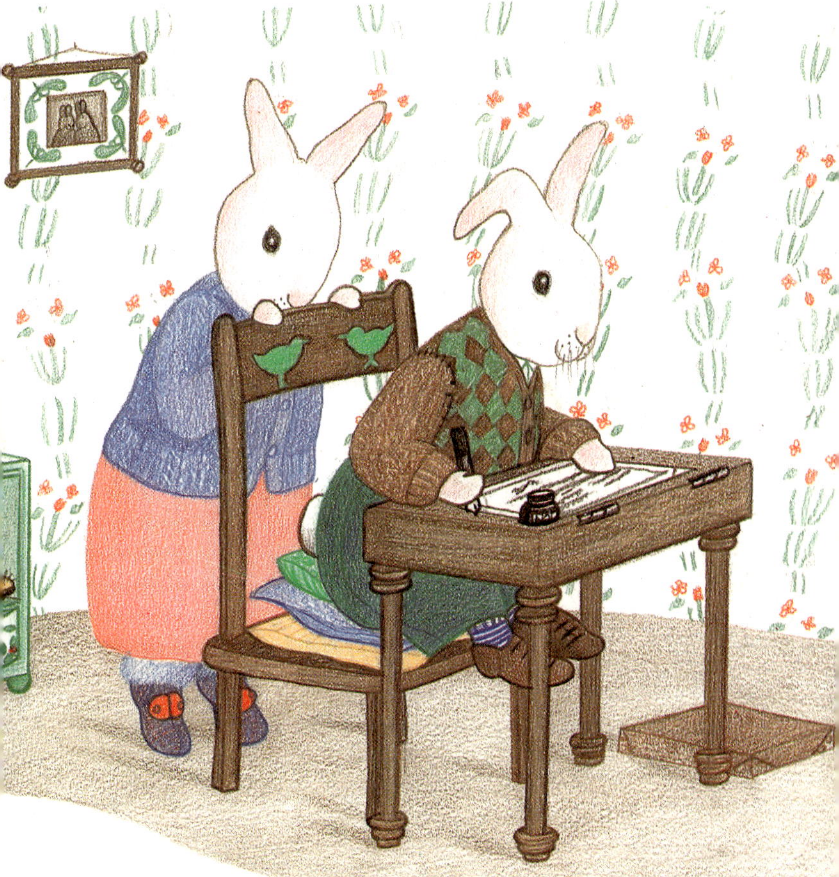

In diesem Heim
gibt es einen großen Raum
mit vielen kleinen Betten,
vielen kleinen Töpfchen,
vielen kleinen Waschbecken
und vielen kleinen Teddybären
auf dem Boden.
Eine behäbige Häsin,
Frau Semmel,
sorgt dafür, daß alles recht läuft
in dem Häschenheim.
Eine ganz kleine Häsin,
Fräulein Wattebausch,
hätschelt die Hasenbabys und sorgt
dafür, daß sie essen.

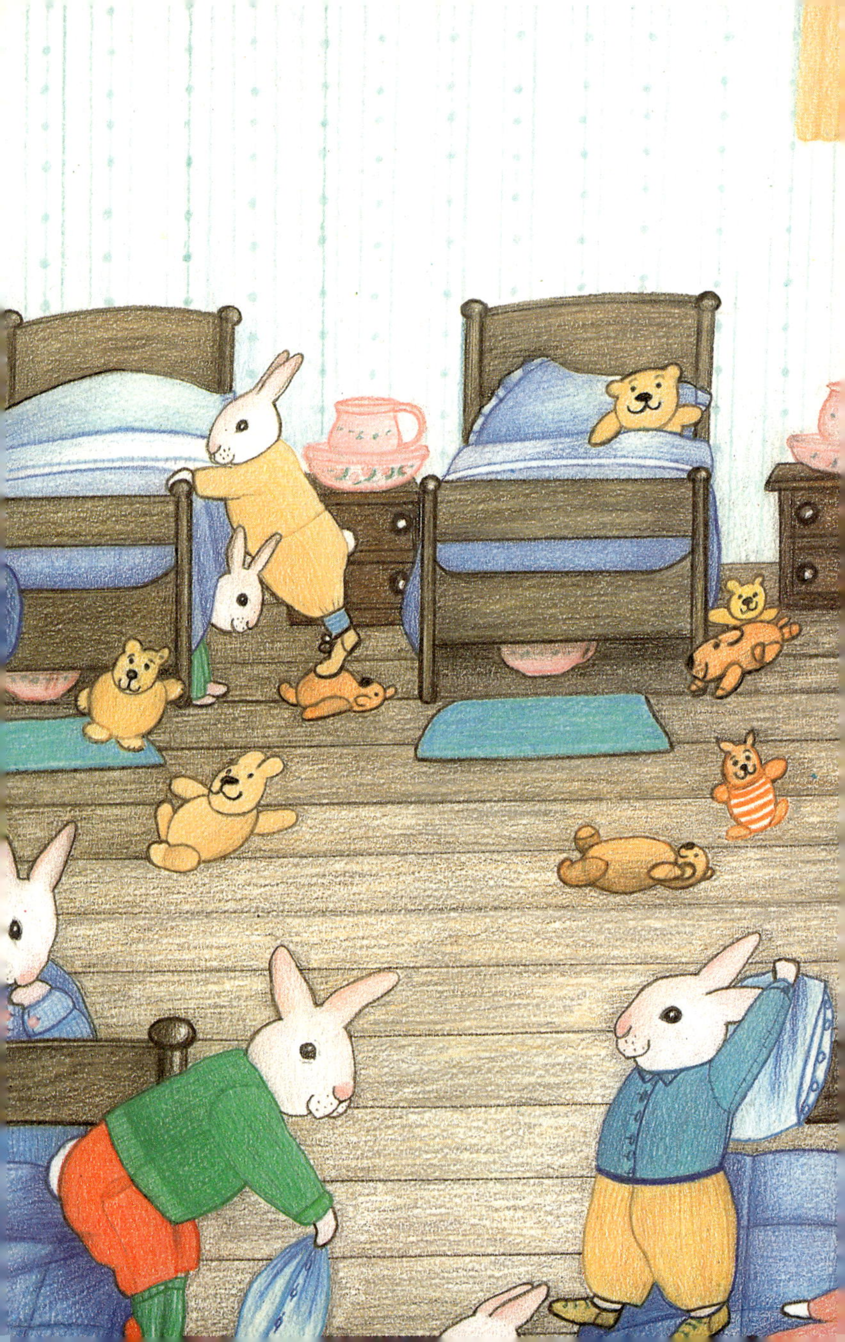

In diesem Haus
gibt es viele kleine Häschen,
deren Eltern
sie nicht selbst erziehen können.
Die Eltern haben deshalb
Fräulein Wattebausch gebeten,
gut für die Kleinen zu sorgen,
und sie haben Frau Semmel gebeten,
Eltern fürs ganze Leben
für die Häslein zu finden.

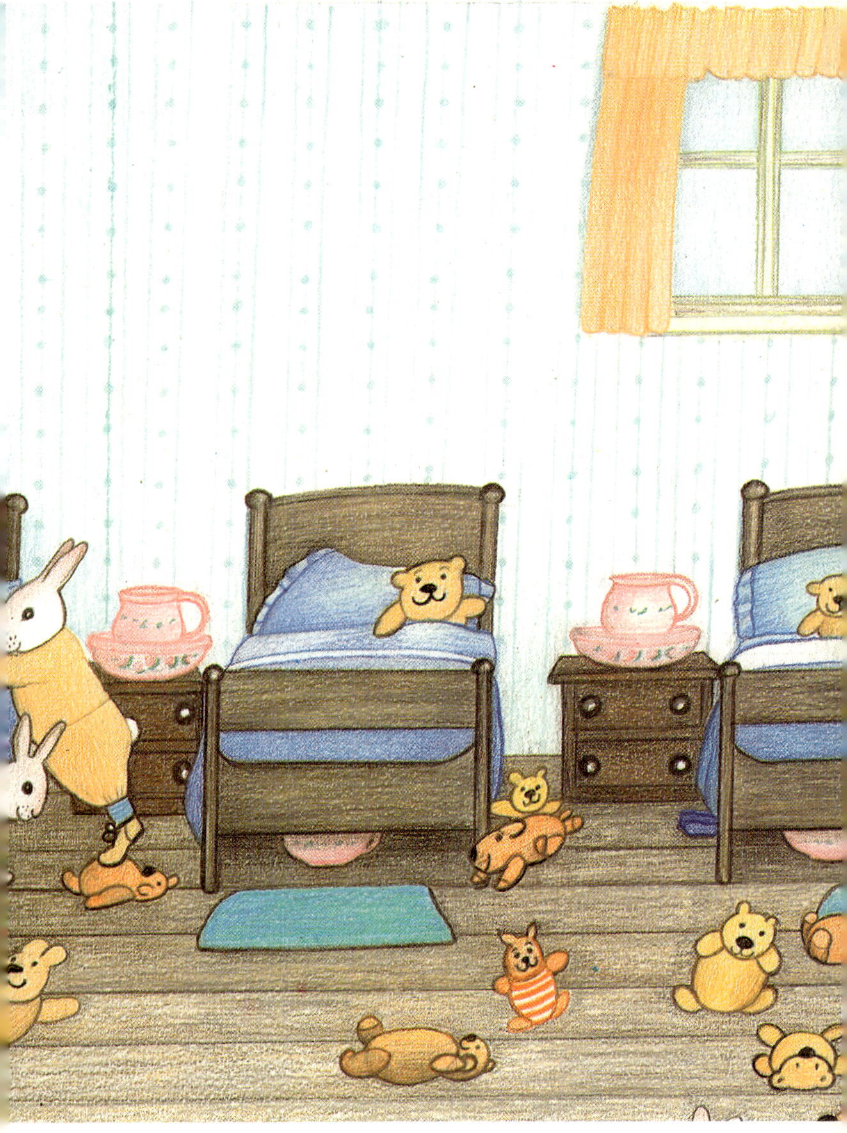

Eines der kleinen Häslein
ist Fläumchen.
Er ist sehr leicht, fast zerbrechlich,
und hat ein winzig kleines Näschen.
Die Hasenmutter,
die ihn in ihrem Bauch getragen hatte,
nannte ihn Fläumchen.
Frau Semmel hatte versprochen,
daß er immer so heißen würde.
Und jetzt bekommt Frau Semmel
den Brief von Pistaz und Fanny.
Sie schreibt sofort den beiden,
sie zu besuchen.

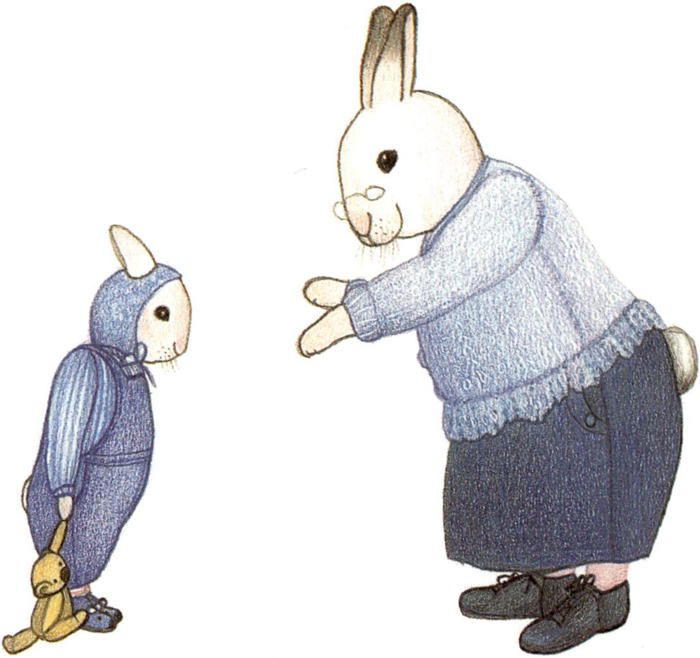

Fanny öffnet den Brief
von Frau Semmel.
Sie freut sich so sehr darüber,
daß sie die Suppe anbrennen läßt.

Pistaz sagt:
– Schau mal, die Suppe ist nicht versalzen.
Sie schmeckt sogar nach großer Freude.

Er selbst ist so erfreut,
daß er nicht einmal merkt,
daß die Suppe etwas angebrannt ist.
Fanny und Pistaz machen sich
unverzüglich auf den Weg.

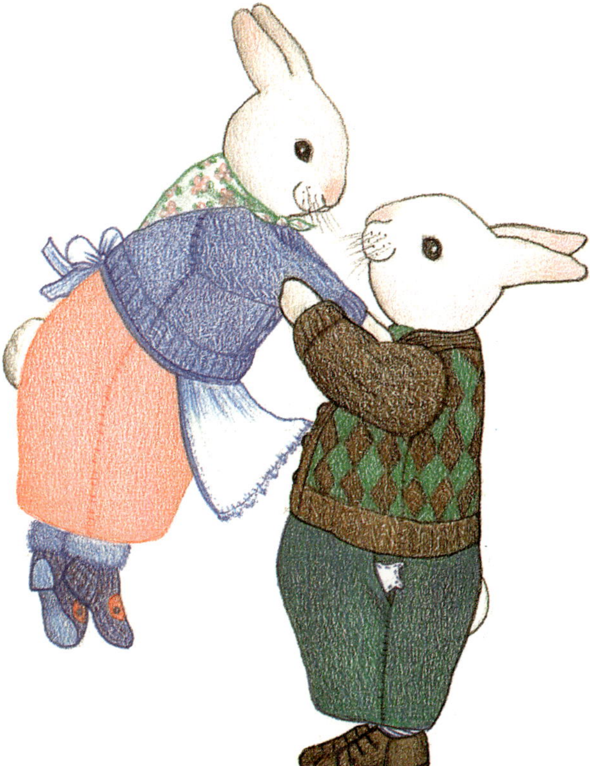

Sobald sie im Häschenheim
ankommen,
bittet Frau Semmel
Fanny und Pistaz in ihr Büro.
Sie müssen viele Fragen beantworten.

Nach kurzer Zeit
sagt Fanny:
– Frau Semmel,
ich möchte liebend gern
eine Hasenmama sein
und kleine Häslein haben.
Mein Leben lang würde ich sie lieben,
sie hegen und pflegen,
mit ihnen spazierengehen
und kleine Geheimnisse austauschen.

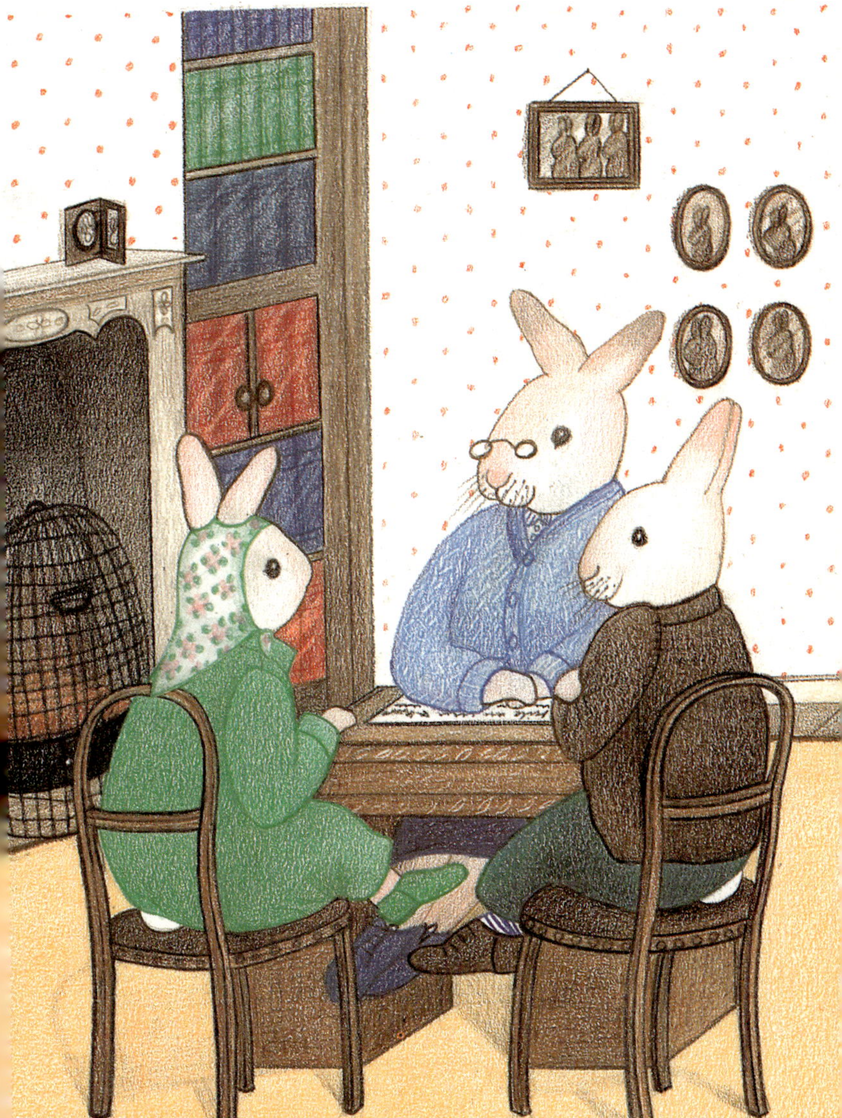

Da steht Pistaz auf und sagt:
– Auch ich, Pistaz, möchte gern
kleine Häslein haben,
um mit ihnen zu reden,
zu spielen und zu knabbern[*].
Ich würde sie in die Arme nehmen
und würde den Häschen,
die Sie uns geben,
ein perfekter Hasenvater sein.
Das kann ich Ihnen versprechen.

– Schön, ich will mir's überlegen,
antwortet Frau Semmel.
Ich werde Sie anrufen.

---

[*] Dieses Wort wird auf Seite 46, Nr. 4, erklärt.

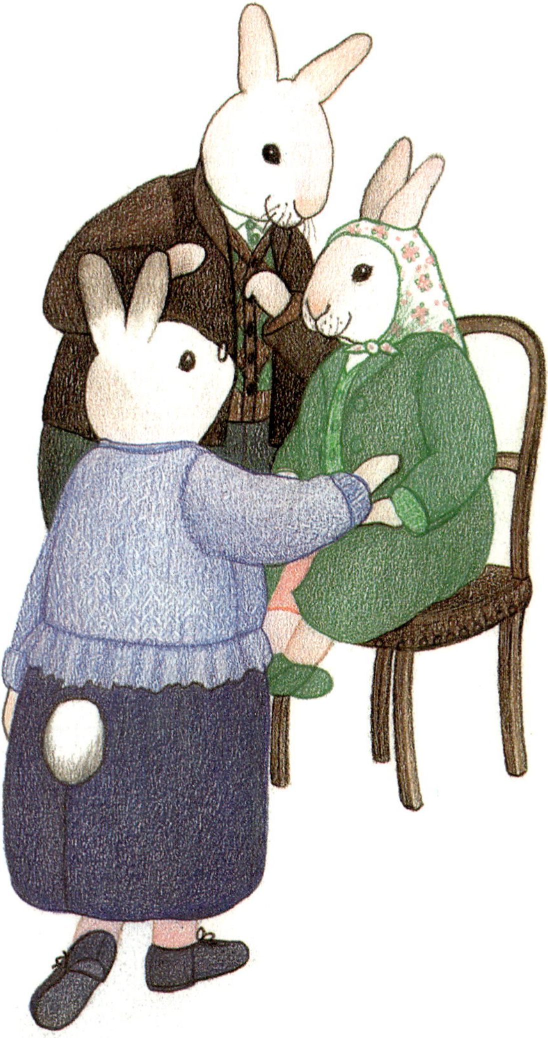

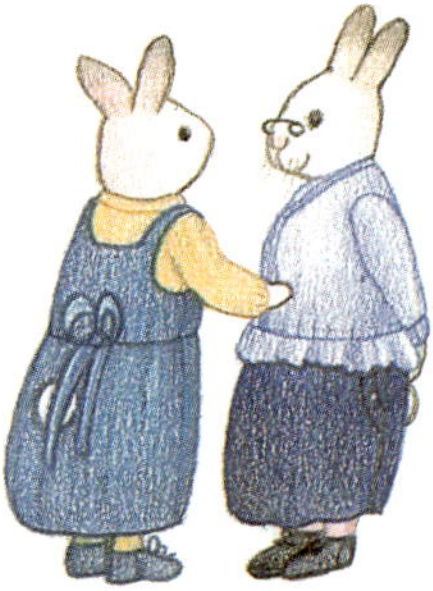

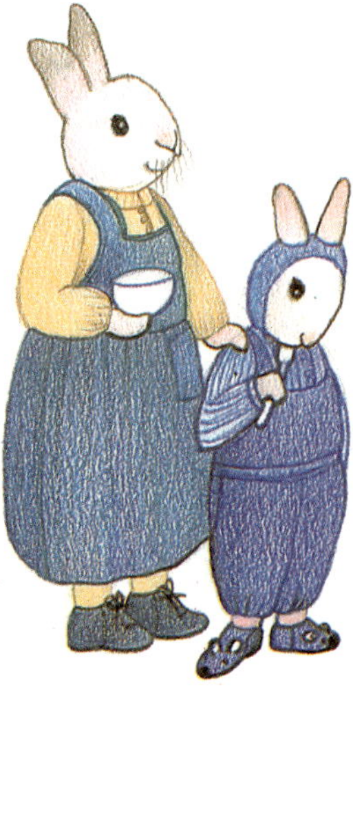

Nachdem Fanny und Pistaz fort sind,
spricht Frau Semmel
lange mit Fräulein Wattebausch.
Schließlich sagt Fräulein Wattebausch:
– Ja, ich glaube, daß die beiden gute
Haseneltern sein werden.Ich werde
traurig sein, Fläumchen herzugeben.
Er hat bei mir gelernt, seinen Löffel zu
halten, „guten Tag" zu sagen
und auf sein Töpfchen zu gehen.
Aber ich glaube, daß wir Fläumchen
Pistaz und Fanny geben sollten.

Frau Semmel sagt:
– Ja, wirklich, ich glaube auch,
daß sie gute Haseneltern sein werden.
Und daß Fläumchen
bei ihnen sehr glücklich sein wird.

Frau Semmel ruft Fanny an:
– Am Mittwoch um zehn Uhr
bringen wir Ihnen einen kleinen
Hasenjungen.
Er heißt Fläumchen, und ich glaube,
daß Sie ihn sehr lieb haben werden.

Fanny sagt nichts als:
– Oooh ...

Sie findet vor Glück
keine Worte.

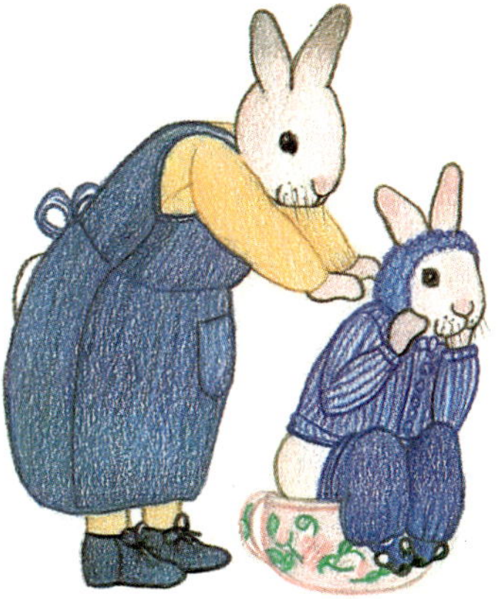

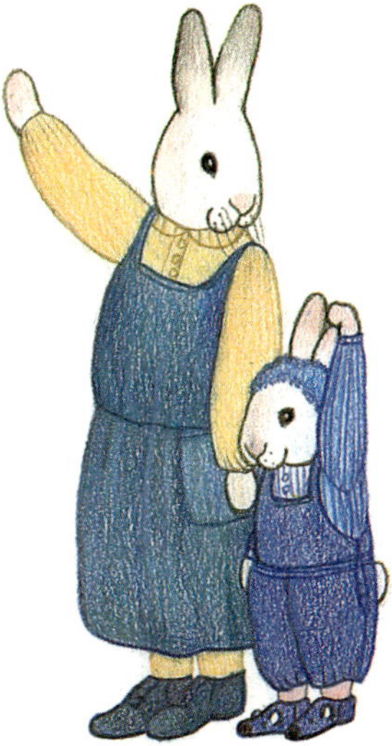

Am nächsten Mittwoch um zehn Uhr
kommt Frau Semmel wie versprochen.
Fläumchen hüpft einher
und sagt, indem er auf Fanny zeigt:
– Wer ist das?

Fanny antwortet:
– Ich bin Fanny, Fanny-Mama,
Mama Fanny, Mama für immer
oder kurz Mama, wie du willst.
Komm, ich will dir deinen Bau zeigen.

Pistaz begrüßt Fläumchen
nach Hasenart,
indem er ihm die Schnurrhaare reibt:
– Hallo, Fläumchen. Ich bin Pistaz.
Papa Pistaz oder Pistaz-Papa,
Papa für immer oder kurz Papa,
wie du willst.

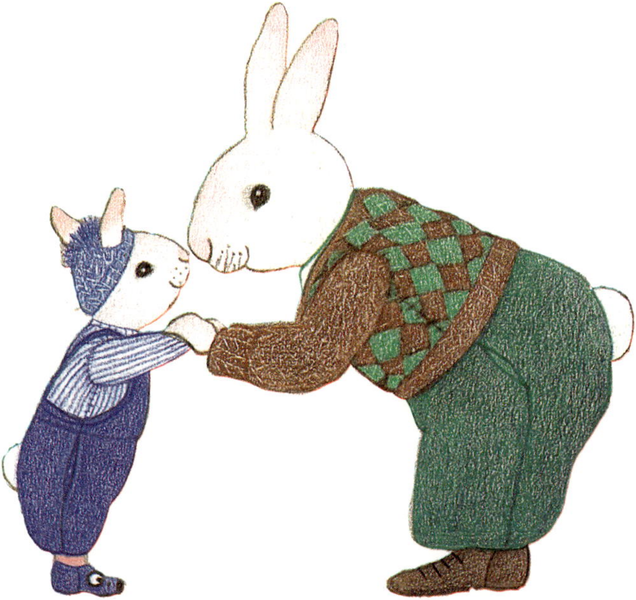

32

Da erspäht Fläumchen
ein kleines Bett
mit einem Plüschbären
darauf und
Bauklötzchen
auf dem Fußboden.
Er fragt:
– Für Fläumchen?

Und Fanny und Pistaz
sagen gleichzeitig:
– Ja.

Frau Semmel fährt weg
in ihrem roten Auto.
Im Häschenheim
warten alle die anderen
kleinen Häslein auf sie.

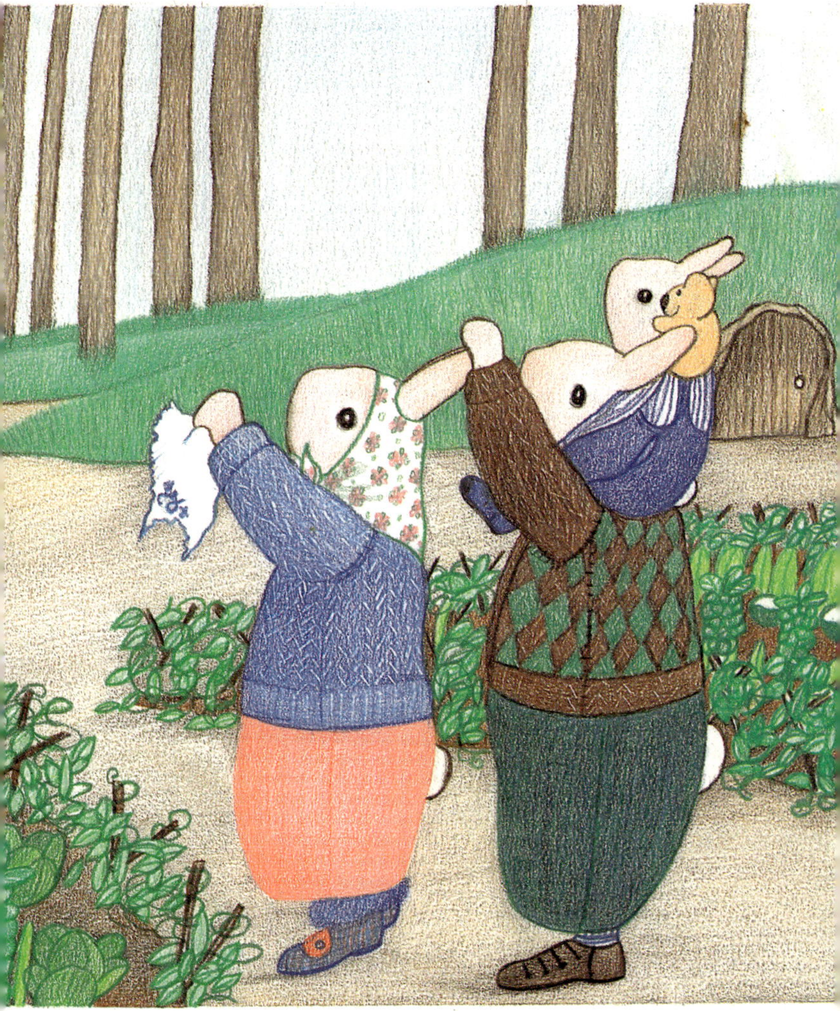

Fanny geht in die Küche zurück.
Während sie über dem Feuer
die Suppe rührt,
lächelt sie freudig vor sich hin.
Pistaz hilft Fläumchen,
seine kleinen Spielsachen
aufzuräumen.

37

Nach dem Mittagessen
gehen sie alle drei unter die Tannen,
und Fläumchen spielt
mit den kleinen Hasen der Nachbarn.
Die kleinen Hasen sagen lachend:
– Weißt du, Fanny und Pistaz
das sind ja nicht deine richtigen Eltern.

Da stampft Fläumchen mit dem Fuß auf
und sagt:
– Doch, natürlich sind sie's!
Sie sind meine Eltern.
Das ist meine Mama,
und das ist mein Papa,
und sie werden es immer bleiben.

Dann läuft er schnell, sie zu umarmen,
und lacht.

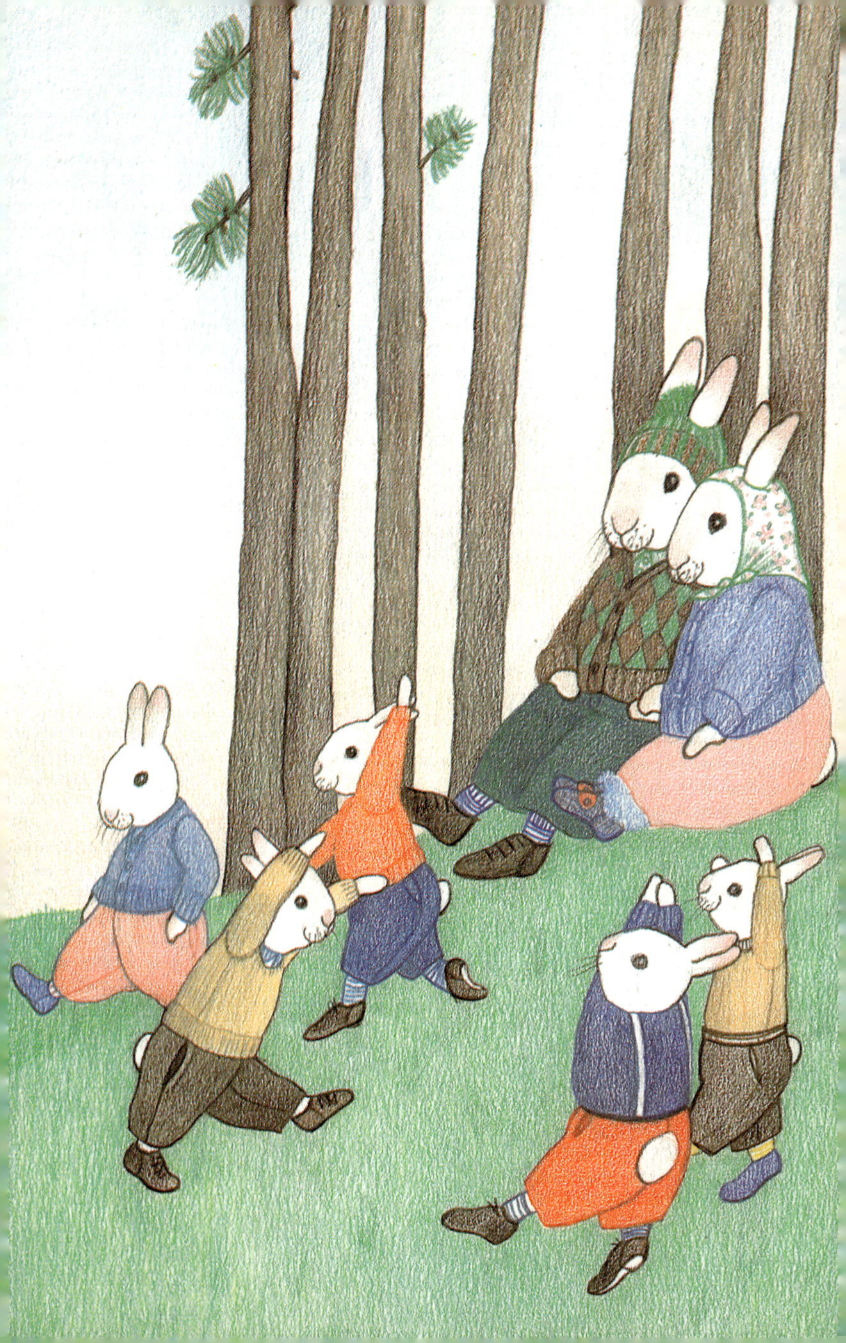

Dann machen Fläumchen
und die anderen Häschen
Kapriolen* im Moos
und tanzen Reigen in der Lichtung.
Sie sammeln Tannenzapfen
und reiben sich im Spiel die Ohren.

* Dieses Wort wird auf Seite 47, Nr. 5, erklärt.

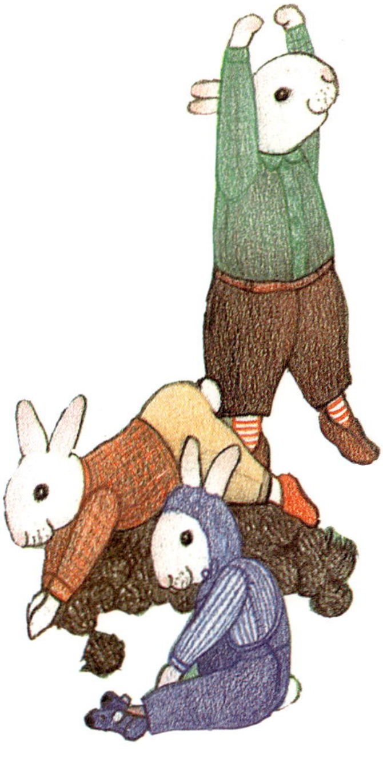

Nachher ist Fläumchen ein wenig müde.
Er gibt Fanny und Pistaz
seine Pfötchen,
und alle drei kehren
zu ihrem warmen, geschützten,
glücklichen Bau zurück.

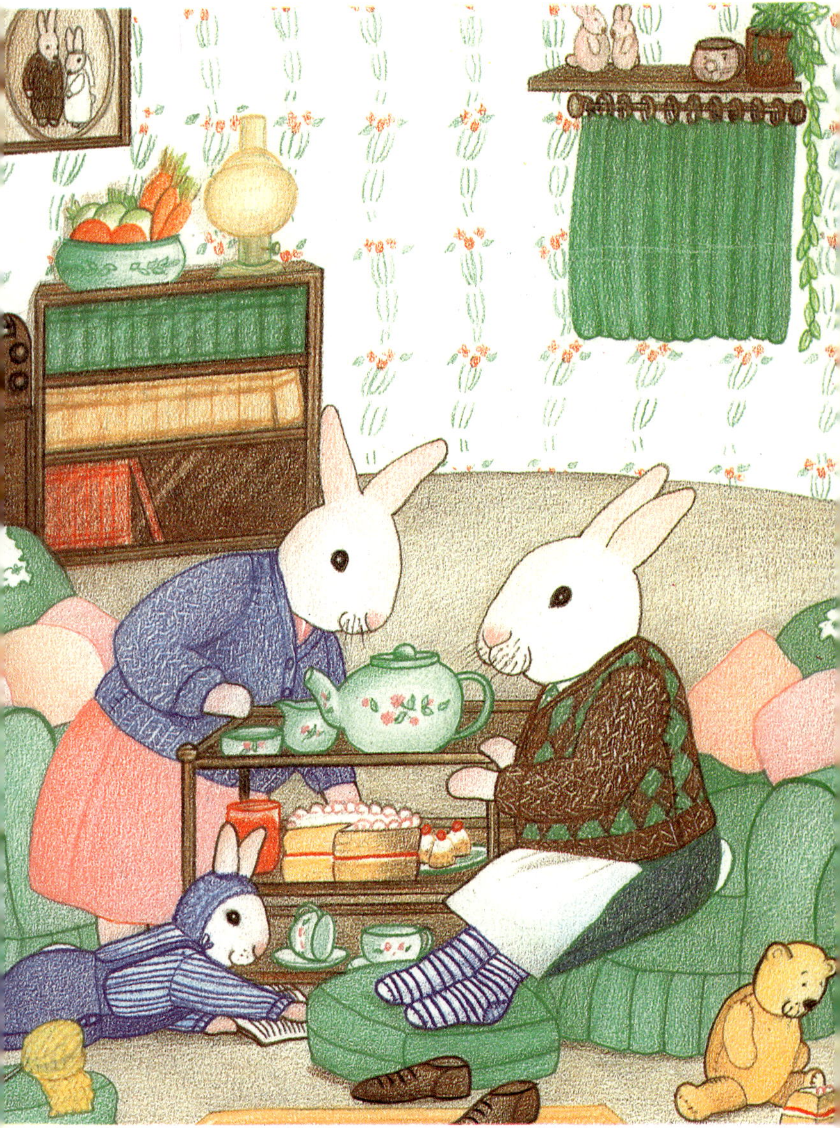

WÖRTER AUS DER GESCHICHTE

1. In der Wildnis wohnen Hasen in einem Loch in der Erde, wo sie schlafen und wo ihre Kleinen zur Welt kommen. Man nennt dieses Loch einen **Bau**.

2. Es gibt verschiedene Arten von **Thymian**. Das sind duftende Kräuter. Man benutzt sie zum Kochen oder um Tee zu machen. Den Hasen schmeckt das ganz besonders.

3. Krähen und Elstern singen nicht; man sagt, sie **schwatzen**. Und weil sie das oft tun, sagt man auch von schwatzhaften Menschen, daß sie schwatzen wie Elstern.

4. Etwas **knabbern** heißt, etwas in ganz kleinen Bissen essen.

5. **Kapriolen** machen heißt umhertollen und allerlei wilde Sprünge ausführen, wie junge Ziegen.

IMPRIMÉ PAR OUEST IMPRESSIONS OBERTHUR - RENNES
PRINTED IN FRANCE